사랑에 대한 반성

곽경효 시집

시인동네 시인선 187 곽경효 시집

사랑에 대한 반성

시인동네

시인의 말

무엇과도 바꿀 수 없는 날들이 흘러갔다.

어디에나 있고 또 어디에도 없는,
사랑이라는 이름의 기억들.
이제 내려놓는다.

한때, 지치고 피곤한 내 삶을 뜨겁게 밝혀 주었으니.

마당 한쪽의 목련나무 가지 끝에 말간 햇살이 내려앉는다.

2022년 10월
곽경효

차례

시인의 말

제1부

미몽 · 13
상사화 · 14
아직 · 15
자기 앞의 생 · 16
벽오동 심은 뜻 · 18
너라는 이름은 · 19
갈증 · 20
달팽이 문장 · 21
그물을 쳐야 할 때 · 22
봄 · 24
꽃피는 봄이 오면 · 25
문 밖에서 · 26
존재의 이유 · 28
그날 · 29
사랑에 대한 반성 · 30

제2부

폭풍의 계절 · 33

이별의 조건 · 34

꽃의 뒷면 · 35

아집을 깨물다 · 36

거기에 당신이 있었네 · 38

빛나는 오후 · 39

제자리에서 · 40

바람에게 · 41

자작나무, 흰 뼈로 서다 · 42

대청호에서 · 44

밤을 잊은 그대에게 · 45

콧등치기 국수를 먹는다 · 46

달빛슈퍼에서 설레임을 샀다 · 48

불영사 · 49

후회 · 50

제3부

예각의 힘 · 53

다시, 바람이 · 54

보이지 않는 사랑 · 55

독기라는 말 · 56

길 찾기 · 58

단풍 들다 · 59

새장 밖으로 · 60

등 뒤에 서 있는 · 62

안면도 · 63

그 여자가 사는 법 · 64

달이 뜨는 언덕 · 66

당신이 온다면 · 67

하루 2 · 68

실연 · 70

여름날 · 71

화양연화(花樣年華) · 72

제4부

죽비 · 75

권태를 읽다 · 76

그곳 · 77

흐르는 강물처럼 · 78

나무 밑에서 · 79

겨울 풍경 · 80

거리 재기 · 81

또 다른 고백 · 82

간절함에 기대어 · 83

산정호수 · 84

아버지 · 86

종소리 · 87

너 없이도 · 88

달빛 사냥 · 89

동행 · 90

해설 에로스의 거처 · 91
  오민석(문학평론가·단국대 교수)

제1부

미몽

꿈을 깨고 나서 알았다

지구의 모든 시간이 하루라는 것
사랑은 먼지보다 가벼운 마음이라는 것

당신을 꿈꾼 적이 있다
성긴 그물의 어느 코에도 걸리지 않는
바람 같은 당신을

밤하늘을 올려다본다
별 하나 보이지 않는 하늘을
초승달 혼자 조용히 건너간다

여전히 내 잠 속에는
당신이 총총하다

상사화

기다란 꽃대 위에 붉게 피어난 마음 한 점
느낌표 하나로 완성한 생애라니!

꽃이 필 때는 잎이 없고
잎이 있을 때는 꽃이 피지 않는다
땅속 깊숙이 초록을 품은 힘으로
마침내 찬란한 생애를 꽃피울 수 있는 것

너는 지금 내 곁에 없고
나 또한 네 옆에 머문 적 없으니

앞으로도 오랫동안
아무 일 없이 조용하게

상사화 붉은 꽃이 피거나 말거나

아직

꽃과 꽃 사이를 건너가는 나비의 날개 위에
반짝! 햇살이 묻어 있다
나비는 제 몸을 떠나자마자
하늘이 되었다
누군가의 잠자고 있던 시간이 날아간다

떡갈나무 잎사귀에
벌레 한 마리가 기어간다
길이 세상 밖으로 흘러간다

꽃잎은 떨어져 허공이 되었고
물방울은 벌써 바람이 되었다

아직 아무도 잠들지 않았는데
내 등뼈는 자꾸만 휘어지고 있다

자기 앞의 생

갯벌을 걷다가 뒤를 돌아보니
발자국이 선명하게 찍혀 있다
내 발자국 옆에 작은 게 한 마리
나처럼 갯벌을 걸어간다
누군가는 게를 보며 옆으로 걷는다고 뭐라 하지만
그에게도 가야 할 길이 있으니

누구도 자신의 걸음을 본 적 없다
똑바로 걷고 있다고 생각하지만
어쩌면 옆으로 걷고 있는 것일지도 모른다
다만 한 생애의 절실함은
누군가 보고 있지 않아도
때로는 옆으로 걷게 될지라도
묵묵히 제 길을 가야만 하는
저 광대한 삶의 터전에 있는 것

나, 그리고 게 한 마리
세상을 더듬어 걸어간다

이정표조차 없는
절대 고독의 이 공간 속을

벽오동 심은 뜻

　남쪽 어느 마을 지나가다 푸르고 곧은 나무 한 그루 보았는데요 푸른 잎 사이 돛단배 같은 꽃잎을 매달고 벽오동나무 서 있었는데요 누군가 말합니다 그 나무에 봉황이 찾아와 둥지를 틀고 대나무 열매만 먹으며 산다고, 누군가 말합니다 봉황을 보게 되면 영원히 죽지 않는다고, 또 누군가 말합니다 그 옛날 사람 아무도 살아 있지 않은 걸 보니 아직 봉황을 본 사람 없다는 뜻이라고, 벽오동나무 그늘 아래 지나가며 다시 누군가 말합니다 볼 수 없으니 이미 본 것과 다름없다고

　남쪽 마을 지나며 봉황도 대나무 열매도 보지 못했지만 그날부터 내 가슴에도 푸른 나무 한 그루 자라고 있는데요 언젠가 허공을 찢고 바람을 가르며 나무 위로 날아오는 새 한 마리, 어쩌면 볼 수도 있을는지요

너라는 이름은

당신 앞에 너라는 이름으로 서기 위해
나는 불면의 밤으로 숙성되어 왔다

매일매일 잠깐씩 당신을 생각했고
그리고 어김없이 저녁이 찾아왔다
당신을 너라고 부를 수 없는 밤에
내 몸에는 가시가 돋았다
당신이 가시에 찔리는 불온한 상상을 했고
잊고 싶은 기억과 잊을 수 없는 기억 사이에서
갈팡질팡 마음이 흔들리기도 했다

불면의 밤을 견디는 동안
어느 사이 당신의 이름은 맹목(盲目)이 되었다

생각해보니
너는 나의 또 다른 이름이다

갈증

너와 함께했던 시간이
무엇이었는지

밤마다 바다로 흘러간
내 눈물은
무엇이었는지

둥글게 달처럼 스며들던
그 발자국은
무엇이었는지

오늘은
이 침묵을 견디고 있을 뿐

달팽이 문장

보세요
당신이 끌고 온 새벽이
제자리에 있는 것들을 움직이게 합니다

길이 깨어나고
달팽이 한 마리 풀밭을 기어갑니다
누가 그 몸에 눈물을 새겨놓았을까요
오래 고여 있던 슬픔이 발자국을 만들며
또 다른 길을 열고 있습니다
그곳에 가만히 발을 겹쳐 봅니다
한 발씩 한 발씩 경계를 지우며
온몸으로 걸어간 투명한 문장을 읽어 봅니다

어둠이 저만치 물러나 앉네요
밤새 두 눈을 말갛게 씻은 새벽 별이
잠깐 땅 위에 내려앉는 순간
세상에는 차가운 물 한 줄기 지나갑니다

그물을 쳐야 할 때

나는 언제나 그곳에서 기다리고 있다

햇빛과 바람의 물살이
끊임없이 밀려갔다 다시 밀려오는 곳

그곳의 바람은 단단하다

어느새 저녁이 찾아오고
목련나무의 그림자가 어깨를 툭 치며
제 자리를 내어준다

알 듯 모를 듯
당신의 눈빛이 스쳐 지나간다

밤은 내 기다림의 뒷면이다
아픔이 먹물처럼 온몸에 번져간다

그물을 쳐야 하는 순간이다

아무것에도 걸리지 않는
당신을 위하여

봄

벚꽃이 피었다
천지사방이 환하다

내 마음에도 꽃이 피었다
마음 한쪽 시크릿 가든에 활짝 핀
당신이라는 꽃

쉿!
나는 지금 황홀을 훔치고 있는 중이다

꽃피는 봄이 오면

살구나무에 꽃이 피고 있다
그 향기로운 냄새에 몸을 맡기고
흔들리는 꽃잎의 물결을 본다

몽글몽글 피어나는 꽃잎들 속에서
내 가슴도 조용히 부풀어 오르고 있다

살구나무의 분홍빛 문장을 읽어 본다
조심스럽게 다가오는 햇빛의 그림자와
잎사귀를 흔들어대는 빗방울의 숨소리

오늘 당신의 마음에도 꽃이 피었는지?

문 밖에서

현관문을 열다 말고 멈칫거린다
반쯤 열린 문 안쪽 세상이 낯설다
가만히 집 안을 들여다본다
닫혀 있던 공간이 만들어내는 내밀한 무늬들이
수런거리며 일어선다
익숙한 일상의 뒷모습이 또 하나의 세계라는 것을
잠시 잊고 있었으니

보이는 것을 향해 손을 내밀었는데
허공이 먼저 다가온다
익숙하다는 것은 아무런 경계가 없다는 것
덫에 걸린 짐승처럼
마음이 자꾸만 바스락거린다

내 속의 오래된 나를 돌아본다
어느 날 문득 거울 속의 내가
나에게 물어올지도 모른다
아직 그쪽의 풍경은 괜찮은가

문을 열다 말고
문 밖에서 잠시 또 다른 세상과 겨루고 있는 사이
또 누군가 나를 열어놓고 사라진다

존재의 이유

아무것도 의심하지 않았다

차마 나를 버릴 수 없어
마음을 버렸다

당신, 어느새 내 심장을 쏘았는가
화살처럼 가슴에 박혀
바르르 떨고 있는 날카로운 기억들
바람이 불 때마다
온몸으로 통증이 번져간다

의심했어야 했다
마음의 행방을 물었어야 했다

이제부터 시작이다
천 년 동안의 내 기다림은

그날

길모퉁이 돌아 나오다
발끝에 채인 돌멩이 하나
집어 들어 멀리 날려버렸다

그날
허공 속으로 날아간 돌멩이 하나
지금 어느 공간을 지나고 있을까

담장 밑 꽃잎 지는 소리에
가만히 귀 기울여 본다

돌멩이 사라진 그 길 위에
매일 밤 별이 뜨고
달이 뜨고

사랑에 대한 반성

이제 사랑이라는 말을 하지 않겠다

그리운 이름 하나쯤 지워져도 좋겠다
상처를 들여다보며 아파했던 날들을
하마터면 사랑이라 부를 뻔했다

사랑의 무게가 이리 가벼운 것을
눈물 흘리며 건딘 시간이
잠시 지나가는 한 줄기 소나기였음을

겨울처럼 차갑지만 가끔은 따뜻한 사랑이여
다시는 내게 오지 말기를

아름답고 찬란한 그 폐허,
이제는 견딜 수 없으니

제2부

폭풍의 계절

태풍을 동반한 장마가 지나갔다

비 그치고 나니
여기저기 깊게 파인 웅덩이들이 보인다

폭풍처럼 지나간 날들이 사랑이라면
당신과 내가 머물렀던 자리마다
깊은 흉터 남아 있으리

오랫동안 고여 있던 물의 흔적

온몸으로 쓰고
기억으로 읽는다

바람이 남기고 간
그 상처 자국

이별의 조건

숨을 내뱉어야 소리가 나지
숨은 들이마실 때가 내쉴 때보다 더 힘이 들지
혀끝에 매달리는 말들도 버려야 하지

고통이 내 안에 가득차서
더 이상 삼켜지지 않을 때
들숨과 날숨 사이 쉼표가 없어질 때

의미 없이 뱉어버린 너의 말들이
날카로운 칼날처럼 가슴에 박힐 때

더 이상 미혹에 빠지지 말자고
부드럽게 숨을 쉬어야 한다고
머리에서 가슴으로 신호를 보내고 있지만

그렇게 이별은 오는 거야
어느 순간 아무 소리도 들리지 않을 때
어쩌면 아무것도 보이지 않을 때

꽃의 뒷면

지난 봄 눈부시게 환하던 꽃나무들
제 이파리 다 내주고 빈손으로 서 있다

잊고 있던 이름 하나 눈썹 끝에 매달린다

한때 마음이 춥고 쓸쓸했던 것은
바람 탓이라고 생각했다
나 혼자만 아픈 것이라고 철없이 들썩거렸다

누군가의 마음을 들여다보는 것은 참 오래된 일이다

등 뒤에서
제 살 썩히고 베어내며
슬픔을 대신 울어준 사람아

눈멀어 있던 날들을 내려놓는다
캄캄한 날 홀로 저물 수 있겠다

아집을 깨물다

호두를 깨트려 보니
통통한 벌레 한 마리가 고개를 내민다
견고하다고 믿어온 세상에도
빈틈이 있었으니

내 욕망은 빈 배와 같아서
껍데기를 뚫고 들어온 네가
내 속살을 갉아먹는 동안
내 몸은 자주 덜거덕거리고 있었던 것

돌아보니 단단하지 못했던 날들이다
그저 눈앞의 풍경에 빗장을 걸고 있었을 뿐
누군가가 내 안에
또 다른 세계를 슬어놓은 줄도 모른 채

신념이라는 것 부르지 않아도 온다

말없이 고요한 순간에

불현듯

뒷덜미를 낚아채듯이

거기에 당신이 있었네

명옥헌 배롱나무 그늘 아래 머물러
잠시 꽃구경을 했었네

온몸이 데일 듯 뜨겁게 피어 있던
배롱나무 꽃잎들

불꽃처럼 타오르던 마음을 들키지 않으려
연못 속 꽃 그림자만 말없이 보고 있었네

당신이 좋아하는 노래
한 소절 채 부르지 못했는데
어느새 꽃이 지고 있네

지나간 풍경 속에 당신이 있었으니

빛나는 오후

모래알처럼 바스락거리던 날들 속에
너는 봄비처럼 스며들었지

세상의 꽃들은 아름다웠고
삶의 마디마다 박혀 있던 상처의 흔적들조차
어느 순간 출렁이는 강물이 되어 흘러갔지

이제는 다시 돌아갈 수 없는 빛나는 오후여
그래도 잊지 마
너는 내게 모든 것, 내가 꿈꾸었던 그 모든 것
나의 가장 반짝이는 시간이었음을

제자리에서

꽁꽁 언 얼음장 밑으로 강물이 흘러가고 있다
여름 한철 뜨거웠던 마음을 잠시 가둬둔 채
조용하게 낮은 자세로 흐르고 있다

무성했던 이파리를 떨어낸 나무들은
맨몸으로 서서 겨울을 견디고 있다
실핏줄 같은 겨울나무의 잔가지가 빈 공간에
한 폭의 수묵화를 그려 넣고 있다

모두 잘 견디고 있는 중이다
서늘한 제 속살을 보여주지 않으려고
칼날 같은 바람 속에서 꼿꼿하게
제자리를 지키고 서 있다

겨울 새 한 마리
시린 하늘에 잔금을 긋고 날아간다

바람에게

풀이고 싶네
서 있는 것은 서 있는 대로
흔들리는 것은 흔들리는 대로
온몸이 이슬에 젖어
절정에 이를 때까지
맨땅에 몸 비비고 싶네

오늘 서쪽 하늘에 걸린 반달이
자꾸만 나를 따라오고 있네

풀벌레 소리는 나를 흔들고
뜻밖의 당신,
어느새 저 멀리 사라지고 있는데

자작나무, 흰 뼈로 서다

그 숲에 들어서니
나무들 일제히 제 허리를 곧추 세우고 있다

세상의 꽃들이 꿈처럼 피었다 지고
바람은 소리 없이 밀려 왔다 또 밀려가는데
침묵으로 견뎌온 시간의 눈금이 저리 곧은가

깃발처럼 흔들리는 이파리는
곧 지워지고 말 생의 한 부분일 뿐

나무에 새겨진 무늬를 바라본다
환하게 꽃피는 생애는 가지지 못했으나
꺾이지 않는 한 줄기 등뼈를 지녔으니

마음을 함부로 내보이지 않으려
제 몸의 서슬로 하얗게 빛나고 있는
마른 네 뼈마디

적막한 자리에서
홀로 깊어지는 사랑아

대청호에서

대청호에 연분홍 햇살이 내려앉는다

겨울 동안 하얗게 눈꽃이 피었던 나뭇가지마다
다시 맑은 꽃망울이 부풀고 있다

잠시 살다 가는 생인데
저리도 밝은 생애를 꽃피우는 것인지

봄날 대청호의 벚나무들은
가장 환하고 빛나는 슬픔으로 피어난다

밤을 잊은 그대에게

밤마다 바다에 배를 띄웁니다
배는 새로운 길을 만들며 먼 곳으로 흘러갑니다
어쩌면 어느 곳에도 닿지 못한 채 하염없이 흘러가겠죠
이리저리 흘러가다 끝내는 낡고 닳아서 빈 나무 조각으로 부서진다 해도
바다를 향한 내 마음을 닫을 수는 없습니다
혹시 알고 있나요?
지구의 어느 모퉁이에서 세상을 향해 소리치는 누군가가 있다는 것
밤마다 파도는 끊임없이 밀려가고 다시 밀려오고
빈 배처럼 출렁이던 마음은 먼지가 되어 흩어지겠지만
밤이면 귀를 열어둔 채 또 다른 배를 바다에 띄워 보냅니다
떠나간 배는 물소리가 되어 다시 내게로 돌아옵니다
당신은 알고 있나요?
내가 꿈꾸었던 바다는 한때 나의 자유였음을

콧등치기 국수를 먹는다

아우라지 강물과 하늘 사이로
서늘한 바람이 지나간다

등뼈를 세운 채 종종거리며 걷던 길을
잠시 잊기로 한다

눈이 올라나
비가 올라나
억수장마 질라나*

사랑이여 마음이여
힘든 고개를 굽이굽이 돌아
여기까지 왔구나

정선 아라리 장터에서
콧등치기 국수 한 그릇에
자꾸만 쓸쓸해지는
마음을 헤집어본다

찡하게 콧등을 치는 것이 국수 가락인지
멀리 가버린 당신의 마음인지

---

*정선 아리랑 부분.

달빛슈퍼에서 설레임을 샀다

다산초당에 다녀오다가
목이 말라 들어간 조그만 가게의 이름
달빛슈퍼

이것저것 고를 것도 없이 집어 든
'설레임'이라는 아이스크림

애써 시를 생각하지 않은 날
저절로 써진 시 한 편

달빛 설레임

불영사

오랜 장마 끝
붉은 속살이 드러난 낭떠러지 위에
홀로 서 있는 소나무 한 그루

어디에서 오셨는지 바쁜 걸음을 내딛는
동자승의 눈언저리에
들꽃 한 무더기가 묻어 있다

대웅전으로 가는 아득한 길에
산새들이 풀꽃들이
저희끼리 가까운 산길을 만들고 있다
마당 한 구석에 서 있는 배롱나무는
백여덟 번을 다시 태어나도
침묵으로 제 자리를 지키고 있다

나는 이곳에서
제 그림자를 지우고 있는 부처를 만나고 있다

후회

집으로 돌아오는 늦은 시간
무심코 쳐다본 하늘에
달이 떠 있다

문득 떠오르는 마른 네 얼굴

돌이켜보니
마음은 늘 생각보다 늦게 와서
너를 제대로 읽지 못했다

언제부턴가
내 가슴 한쪽에서
출렁이는 강물 소리가 들린다

제3부

예각의 힘

산길 걷다 마주친 고드름 한 무더기

산속 맑은 물이 조용히 흘러가다 어느 순간
제 몸을 날카롭게 봉인하며 길을 막아선다

외롭고 차가운 시간을 묵묵히 견뎌 온
당신의 눈물이 저토록 아찔한 것인지

한 생을 천천히 걸어가는 자의
날 선 고독이 온몸을 뚫고 지나간다

더 이상 흘러갈 수도 멈출 수도 없을 때
몸은 수직으로 일어선다

가슴 깊숙이 파고드는
비명처럼

다시, 바람이

오랜 시간을 걸어왔다
길 위에서 주저앉아 울고 싶을 때가 있었다
가끔 바람이 불기도 했다

상처받았던 순간도 벼랑 앞에 섰던 순간도
돌이켜 생각해보니 견딜 만했다

모두들 그렇게 걸어가고 있는 것이다
저 멀리 빛나고 있는 별에게 가까워지기 위해

길을 걷는 동안 많이 힘들고 아팠지만
여기까지 잘 걸어왔다
그리고 한 문장이 남았다

바람이 분다, 살아야겠다*

---

*폴 발레리, 「해변의 묘지」 중에서.

보이지 않는 사랑

천 년만큼 견뎌본 후에
그때도 눈물이 나면
보고 싶다고 말을 해볼까

아카시아 나뭇잎을 따서 점을 쳐 본다

사랑한다
사랑하지 않는다
사랑한다

이파리 한 잎 한 잎 뜯어내며

잊는다
잊지 않는다
잊는다

그래도 못 잊어 다시 더 한 번

독기라는 말

요즘 내가 너무 느슨해졌다고 자책을 하다가
문득 독기를 품어야겠다는 생각을 한다
독기! 독기! 라고 말하다 보니 도끼라는 말로 들린다
정신을 세우는 것과 몸의 날을 세우는 것이
결국 같다는 것

방심하고 있는 사이
옆구리를 찍힌 적이 있다
아무리 절박한 순간이 오더라도
더 이상 옆구리를 내주지 않으리

쌩쌩한 정신줄 아직 놓지 않았다는 것
한 번쯤은 보여주마

독기를 품었다는 말, 생각해보니
고요한 순간에 가장 절실한 몸짓으로
누군가에게 간절히 가닿고 싶다는 것

당신 가슴에 뜨겁게 내려 찍히기 위해
자, 이제 다시 날을 갈아야 할 시간이다

길 찾기

책 속에 길이 있다고 해서
매일 매일 책 속으로 걸어 들어갔다

수많은 문장들이 내 머릿속에
잡다한 길을 만들어 놓았다
슬픔도 잠시 잊고 새로운 꿈을 꾸기도 했다

혹시 가보지 않은 길이 있는 것은 아닐까 하는 생각에
또다시 책을 산다

책장 속에 늘어난 책만큼
내가 아는 길이 많아져야 하는데

나는 요즘 자주 길을 잃는다

단풍 들다

나무들이 일제히 제 몸에 등불을 달고 있다

차가운 바람 홀로 견디느라
제 상처 더욱 깊어져
저토록 뜨거운 불을 밝히고 있는 것인지

햇빛이 잎새 위에 쏟아진다
저 햇살!
한입 베어 물면
내 몸속에 환한 길 열리겠다

저 빛에 젖어서
보이지 않는 길을 따라
온종일 단풍 속에 서 있다

새장 밖으로

흐린 하늘을 배경으로
새들이 힘차게 날아간다

한때, 자유를 꿈꾸었으나
세상은 나에게 꿈을 허락하지 않았다

어느 사이 나는
새장 속에 들어앉아 있었다

자유와 타협하는 소극적인 방법을
나는 너무도 잘 알고 있었던 것이다

이제야 눈치를 챘다
새장 속의 먹이와 내 꿈의 질량이
지나간 시간에서는 같은 단위였다는 것

고개 들어 하늘을 바라본다

조금 전 어디론가 날아 가버린
새들의 거처가 궁금하다

등 뒤에 서 있는

조금은 쓸쓸한 날 가끔은 절망적인 날
희망은 절망 속에서 피는 꽃이라며
등 뒤에서 내 지친 어깨를 토닥여 준 당신

봄날 모든 꽃들이 피어나 천지 사방이 환하던 날
그 어느 꽃보다 내가 가장 예쁘다고
등 뒤에서 말해 준 당신

생각 없이 걷다가 만나게 된 막다른 골목에서
오던 길 뒤돌아보며 문득 깨달았네
생은 내 힘만으로 살아가는 것이 아니라는 것을

여전히 나는 살아서
서럽고 아득한 이름 가만히 불러보네

내 마음의 가장 낮은 자리에 빗물처럼 고이는 당신

안면도

저 바다의 고요가 불안하다

파도는 제 몸의 비늘을
울컥 쏟아내고 저만치 물러간다

뜨거운 여름처럼 펄펄 끓던 신념은
어디로 사라진 것일까
그토록 간절하던 열망은 누가 가져간 것일까

크고 작은 섬들이 조용히 어둠 속으로 흘러간다
누구도 간섭하지 않는 저 바다도
저 홀로 견뎌야 하는 적막의 시간이 있으리

구름도 태양도 수평선 너머로 사라지고
모든 것이 제자리로 흘러가지만

좀처럼 흔들리지 않는
저 바다의 고요가 불안하다

그 여자가 사는 법

억새풀 흔들리는 들판에 서면
그녀의 마른 어깨가 보인다

오래전 길을 잃은 아이가
아직 돌아오지 않았다며
밤마다 방문을 열어놓고 잠을 자는 그녀

모든 꽃들이 꿈처럼 피었다가 지고
세상에 꽃 아닌 것 아무것도 없는데

잦은 바람에 허리가 꺾이더라도
한 번쯤은 꼿꼿이 설 수 있을 것이라고
불현듯 가슴에 치미는 이름 차마 지울 수 없다고
다시 또 일어선다

바람이 불 때마다
얇은 옷자락을 적시는 은빛 기침 소리
잃어버린 사랑은 적막한 자리에서 더 잘 보이는 것인지

가을에는
그녀의 주름이 더욱 깊어진다

달이 뜨는 언덕

그 집은 언덕 위에 있었네
아침에 언덕을 내려오고
저녁에 언덕을 올라가고
아침에는 또다시 언덕을 내려가고

하루가 너무 힘들었던 날에는
언덕을 오르다 중턱에서 한숨 한번 크게 쉬고

손톱같이 생긴 초승달이 하염없이
서쪽 하늘로 흘러갔고
내 한숨도 흘러 흘러 강물이 되었지

가끔 높게 뜬 보름달이
나의 마음 가장 깊은 곳에 위로의 말을 건네던
지금은 사라진 언덕배기 그 동네

당신이 온다면

오겠다고 약속한 사람도 없는데
자꾸만 창밖으로 눈길이 간다
길 건너 공원에 홀로 젖고 있는 벤치는
장대비 내리꽂힌 자리마다 피멍이 들고 있다

시간은 철퍼덕거리며 비와 함께 속절없이 흘러간다
기다려본 사람은 안다
오랜 기다림은 간절함으로 남는다는 것을

비를 좋아하는 당신,
아직도 길을 나서지 않았는가

하루 2
―다시 팽목항에서

사랑하는 사람아, 보고 있는가
당신의 죽음 앞에
아무런 비명조차 새기지 못하는
저 바다의 침묵을

한때 눈부시게 빛나던 생애가
오늘은 차가운 파도로 출렁이고 있으니

사랑하는 사람아, 알고 있는가
차마 버릴 수 없는 마음이
가슴 한쪽에 또 다른 바다를 만들고 있음을

불러도 대답 없는 서러운 이름 하나
자꾸만 속눈썹에 매달린다
보이지 않아도 들리지 않아도
한사코 당신에게로 흘러가는 내 눈물

당신이 없는 하루는

그냥 흘러가거나 그저 스쳐가거나

오늘도 땅 위에는 또다시 꽃이 피어나고

실연

화사한 봄 햇살 속에 화르르 피었던 꽃들이
어젯밤 비바람에 제 모습을 다 지워버렸다

꽃이 진 자리는 더욱 선명한데
꽃이 피었던 기억은 어느새 가물가물하다
사랑은 한자리에 오래 머물지 않는다지만
저리 쉽게 내줄 마음을 위해
캄캄한 시간을 견뎌왔는가

바람이 슬쩍 새들의 날갯짓에 얹혀 달아난다

오늘 아침
멀리 날아갔던 새들이 다시 돌아와
내 이별에 눈을 맞추고 있다

여름날

길지도 않은 장마에
강보다 더 낮은 도시가 물속에 잠겼다

한 바가지의 물을 얻기 위해 늘어선 사람들
총 대신 삽을 들고 또 다른 전쟁을 치르고 있는
군인들의 푸른 셔츠는 땀으로 얼룩져 간다

소독차의 뿌연 연기 속에서
높다란 쓰레기산은 등을 보이고 돌아앉았다
텃밭에는 허리가 부러진 옥수숫대가
옆구리를 드러낸 채 말라가고 있다

트럭 한 대가 녹슨 철길 위를 달려간다
화물칸에 앉아 졸고 있는 소년의 목덜미에
따가운 햇살이 내리꽂힌다

화양연화(花樣年華)

소리 없이 떨어지는 꽃잎의 시간도
가만히 흘러가는 강물의 시간도
멀리서 빛나고 있는 저 별의 시간도

그저 사라지기에는
너무 바쁜 하루라는 것

슬픔을 발밑에 두고
휘파람새와 눈 맞추는 동안
가장 아름다운 순간이 지나갔음을

딱 한 번
당신이 물방울처럼 반짝이던
그 순간

제4부

죽비

떨어진 단추를 달다가
잠시 딴 생각을 하는 사이
손가락을 찔렸다

온몸을 가로지르는
번갯불의 섬광

한나절 잠시 졸고 있던 생애가
날카로운 바늘을 따라 벌떡 일어선다

권태를 읽다

매일 문을 열고 닫는다
꼭 열어보고 싶은 문의 빗장은
열린 적이 없다

생각은 밖을 떠돌고
틈새를 비집고 들어온 검은 그림자가
불안한 시간을 끌고 간다

아무리 두드려도 열리지 않는 당신
어쩌면 저 너머에서 나를 읽고 있을는지도

지리멸렬하고 생생한 내 하루의 뒷모습

그곳

너에게 닿고 싶어서
내 마음을 한참 들여다보았지

돌이켜보니 너에게로 가는 동안
내 심장은 항상 뛰고 있었지

언제부터인가 나에게
더 이상 자리를 내줄 수 없다는 말
비수처럼 가슴에 박혔지

바람은 시원하고
햇빛은 너무도 아름답게 빛나고 있었지만

가까이 갈 수 없기에 간절한
그래서 더욱 찬란하게 가닿고 싶은

너의 마음속 그 자리

흐르는 강물처럼

그대, 어느새
먼 길을 떠났는가
찰나 같은 세월의 강물 위에
흔들리는 쪽배를 띄우고 흘러 흘러
누구보다 먼저 그곳에 닿았는가

어느 하루 심하게 바람 불어 쓸쓸한 날
함께 있어 위로가 되었던 날
눈치챘어야 했다 그대의 허둥거림을
그대, 먼 길 떠날 수 있음을

흐르는 강물처럼 그대는 먼 곳으로 흘러가고
어제와 같은 하루도 조용히 흘러가고 있네

그대, 먼 곳에서 부디 잘 지내시라

나무 밑에서

나무의 몸에는
시간을 걸어온 발자국이 있다

나무 둥치에 몸을 기대고
잠시 쉬어가기로 한다

얼마나 오래
나무 밑에서 잠이 들었을까

내 몸, 붉다

겨울 풍경

이른 아침 창문을 열어보니
길 건너 공원에 하얗게 눈이 쌓여 있다
세상은 밤새 깨끗한 솜이불 한 채를 덮고 잤구나

아침저녁 산책을 하던 사람들의 발자국과
공원을 가로지르던 소녀들의 목소리도
모두 사라져 버렸다

지난가을, 길을 떠난 나뭇잎들이
폴폴 날리는 그리움으로 돌아와
또 하나의 세상을 만들고 있다

시간은 다 어디로 간 것일까
무심코 흘러버린 내 젊음이 보고 싶다

나뭇가지 위에서 총총대던 새 한 마리
맑은 하늘에 실금을 긋고 날아간다

거리 재기

아무리 팔을 뻗어 봐도
닿을 수 없게

멀찍이 서서
바라보지도 말기

땅속 깊숙이 발목을 묻은 채
가만히 서서

이쪽과 저쪽
경계조차 지워버리고

이만큼이면 괜찮을까

당신과 나 사이

또 다른 고백

무반주 첼로를 듣는다

자꾸만 밀려오는 낮은 소리
누군가 나를 끌고 간다

아무 일도 아니라는 듯
그저 스쳐 지나갔을 뿐인데

오래도록 흔들리고 있던
가슴속 줄 하나 툭 끊어진다

한밤중 독으로 피어올라
온몸을 파랗게 물들이는

저 아득한 당신의 고백

간절함에 기대어

닿을 수 없는 모든 것들을 간절함이라고 부른다면
전속력으로 달려와 온몸을 통과해버린
강렬했던 그 시간은 무엇이라 부를 수 있을까

한철 사랑이 다녀갔다
간절함에 기대어 지나간 날의 안부를 물어본다
혹시 내일쯤 우편함으로 배달된 그 마음을 볼 수 있을까

네 뜨거운 심장을 읽어내는 일 더 이상 할 수 없지만
한때 열망으로 가득 찼던 그 세월을 가만히 들여다보고 있으면
혹시 내 몸에서 다시 푸른 잎이 돋아나기도 할까
어디에도 닿을 수 없는 간절함에 기대어 본다

봄을 기다리는 나무처럼
빈 몸으로 서서

산정호수

산정호수에 눈이 내린다
안개 같은 눈발 사이를 헤집고
물새 몇 마리가 먹이를 찾느라
물속을 자맥질하고 있다

호수는 바람에 몸을 맡긴 채
조용히 겨울을 견디고 있다
봄이 가까울수록 침묵의 시간
더욱 깊어지고 있다

먹먹한 노을 속에 안개 같은 눈발은
다시 수면 위에 내려앉고
물새들은 또다시 자맥질을 한다
경계가 없는 풍경이다

겨울 동안 저 호수는 얼었다가 다시 녹을 것이다
내 슬픔과 상처 또한 저러했으니
젖었던 마음이 얼었다가 녹았다가

어느새 상처 자국은 희미해졌으니

나는 겨울 한가운데 서서
저 호수처럼 봄을 기다리고 있다

아버지

어릴 적 당신의 어깨는
까치발을 딛고서도 까마득히 높아서
올라갈 수 없는 커다란 세상이라 생각했습니다

가을바람이 골목에서 밤새 서성거리던 날
먼 길을 떠나야만 하는 아쉬움에 눈물로 베갯잇을 적시다가
돌아눕던 벽 너머로 들리던 마른 기침 소리
순간, 건너지 못할 강물 하나가 가슴에 들어앉았습니다

푸른 하늘이 비치는 말간 유리창에
아이의 웃음소리가 햇살처럼 부서져 내리고 있습니다
먼 길에서 돌아와 다시 당신 앞에 서 있습니다
빨간 사과 하나 건네며 마주친 하얀 이마 위에
그림자 길게 드리운 아득한 세월을 보고야 말았습니다

종소리

겨울 산사에서 범종 소리를 듣는다

말갛고 슬픈 종소리가
온몸을 뚫고 지나간다

멀리 날아갔다고 생각했는데
종소리는 다시 돌아와
메마른 내 마음을 적시고 있다

허공 저편에서
들려오는 당신의 목소리

세상 풍경을 온몸으로 읽어 볼 것

가끔은
빗장을 풀고

너 없이도

봄비가 오고 있다
비를 따라서 풍경이 흔들린다

비 오는 날 네가 없어서
잠깐 마음이 아팠다

네가 없는 날
잠깐 후회를 했고
가끔은 쓸쓸했다

지나고 보니
너를 기다리는 시간이 봄날이었다

시간이 돌고 돌아
꽃피는 계절이 다시 와도

봄날은 이렇게 가고 있으니
네가 없어도

달빛 사냥

월류정에는
달빛이 내려와 산다

해 저문 빈 강이 그지없이 적막하다
하늘에 고요히 달 떠오른다

아, 세상에서 가장 깨끗하고 간절한 슬픔이여

잡힐 듯 잡히지 않는 아득한 저 달그림자
풍경으로 써 내려간 문장을 읽어본다

월류정의 달빛 문장은 내 마음을 따라 흐르고
강물은 어둠을 따라 흐르고 있다

동행

하루 첫 생각 중에서
나에게 건네는 말
마음에게 지지 마

저녁에 잠자리 들기 전
나에게 묻는 말
오늘 몇 번이나 흔들렸니?

다시는 마음에게 지지 말자
흔들리지도 말자 다짐하지만
자꾸 넘어지고 또 흔들린다

지나간 시간은
그래도 견딜 만했다
모든 순간
네가 있었으니

해설

에로스의 거처
— 곽경효 시집 『사랑에 대한 반성』 읽기

오민석(문학평론가·단국대 교수)

1.

사랑은 어디에나 있으며 (무의식적일지라도) 누구나 사랑에 젖어 있다. 그러나 사랑은 도처에 편재하므로 마치 부재하는 것 같다. 사랑은 행복 혹은 쾌락의 근원이고 불행 혹은 불쾌의 씨앗이기도 하다. 무의식의 차원에서 보면, 모든 것이 사랑에서 출발해 사랑으로 귀결된다. 사랑이 생명을 낳고 사랑이 죽음을 가져온다. "초록 도관으로 꽃을 몰고 가는 힘이/나의 초록 나이를 몰고 간다."(딜런 토마스 D. Thomas) 이런 맥락에선 성장의 최후가 죽음이다. 에로스가 없는 곳엔 생명도 죽음도 없다. 리비도가 흘러가며 생의 다양한 지도를 그린다. 리비도가 지나가는 곳마다 에로스의 복잡한 방정식이 가동된다. 에로스는 보편-현실이다.

   이 시집에 나오는 시들의 절반 이상이 사랑에 대한 것이다. 이 시집은 제목 그대로 "사랑에 대한 반성"이자 성찰이다. 사랑처럼 보편적인 것이 없으므로, 곽경효 시인은 매우 보편적인 문제를 건드리고 있는 셈이다. 그러나 사랑을 성찰하는 것이 보편적인 행위는 아니다. 사랑이 너무나 흔하므로 대부분은 사랑을 특별하게 생각하지 않는다. 그리하여 사랑은 대체로 명상의 대상이 아니라 소비의 대상이 된다. 이런 점에서 시인은 흔한 것을 흔치 않게 다루고 있다. 시인은 사랑을 소비하지 않고 사유(思惟)한다.

> 당신 앞에 너라는 이름으로 서기 위해
> 나는 불면의 밤으로 숙성되어 왔다
>
> 매일매일 잠깐씩 당신을 생각했고
> 그리고 어김없이 저녁이 찾아왔다
> 당신을 너라고 부를 수 없는 밤에
> 내 몸에는 가시가 돋았다
> 당신이 가시에 찔리는 불온한 상상을 했고
> 잊고 싶은 기억과 잊을 수 없는 기억 사이에서
> 갈팡질팡 마음이 흔들리기도 했다

불면의 밤을 견디는 동안

어느 사이 당신의 이름은 맹목(盲目)이 되었다

생각해보니

너는 나의 또 다른 이름이다

　　　　　　　　　　　—「너라는 이름은」 전문

  사랑은 본질적으로 상상계의 산물이다. 사랑은 상징계로 진입하며 상상계를 복기한다. 그러므로 사랑은 본질적으로 반체제적 욕망이다. 사랑은 대문자 아버지의 법칙을 조롱하며 상징계의 벽에 균열을 낸다. 사랑은 타자를 나와 동일시한다. '사랑'만이 "너는 나의 또 다른 이름"이라는 진술을 가능하게 한다. 서로 다른 나와 타자를 동일시한다는 점에서 사랑은 거울상 단계(mirror stage)의 오인(misrecognition)이다. 나와 당신이 동일시될 때, 그리하여 하나로 포개질 때 당신은 나의 "가시"에 찔린다. '나'가 아닌 '당신'을 나와 동일시하므로 사랑은 "맹목(盲目)"이다. 사랑은 맹목 혹은 비논리로 로고스(Logos)에 저항한다. 시스템의 눈으로 볼 때 사랑이 "불온한 상상"인 이유가 여기에 있다. 사랑은 논리에 포위된 비논리이므로 긴장과 소음을 유발한다. 사랑이 "불면의 밤"을 가져오는 것은 그것이 상징계 안에서 상상계의 문법을 주장하기 때문이다. 사랑은 늘 적들에 포위되어 있다.

이제 사랑이라는 말을 하지 않겠다

그리운 이름 하나쯤 지워져도 좋겠다
상처를 들여다보며 아파했던 날들을
하마터면 사랑이라 부를 뻔했다

사랑의 무게가 이리 가벼운 것을
눈물 흘리며 견디던 시간이
잠시 지나가는 한 줄기 소나기였음을

겨울처럼 차갑지만 가끔은 따뜻한 사랑이여
다시는 내게 오지 말기를

아름답고 찬란한 그 폐허,
이제는 견딜 수 없으니

―「사랑에 대한 반성」 전문

    롤랑 바르트(R. Barthes)를 빌려 말하면, "취소된 대상으로부터 내 욕망을 욕망 그 자체로 옮기기 위해서는, 어느 섬광 같은 순간에 그 사람을 일종의 무기력한, 박제된 사물도 보기만 하면 된다."(『사랑의 단상』) 위 작품에서 화자가 원하는 것은 (사랑이라는) 욕망 자체이다. 대상은 단지 그 수단에 불과하다. "하나쯤 지워져도" 좋은 "그리운 이름"은 그런 의미에서 "취소된 대상"이다. 대상이 취소되면서 그것과 더불어 일어났던 온갖 소소한 일들("상처를 들여다보며 아파했던 날들")도 사랑 그 자체가 아닌 것이 된다("하마터면 사랑이라 부를 뻔했다"). 그러므로 시인이 "아름답고 찬란한 폐허"라고 부르는 것은 사랑 자체가 아니라 그것의 대상-이미지이다. 그녀가 견딜 수 없는 것은 사랑 자체가 아니라 사랑의 대상이다. 그러므로 그녀가 "다시는 내게 오지 말기를" 바라는 것은 사랑이 아니라 사랑의 이미지이다. 상징계 안에서 상상계를 유지하는 유일한 길은 상상계의 이미지들을 희생하는(지우는) 것이다. 사랑은 이렇게 '견딜 수 없는 것' 뒤의 '견딜 수 있는 것'을 응시한다. 시인의 "사랑에 대한 반성"은 결코 사랑을 떠나지 않는다.

    기다란 꽃대 위에 붉게 피어난 마음 한 점
    느낌표 하나로 완성한 생애라니!

    꽃이 필 때는 잎이 없고
    잎이 있을 때는 꽃이 피지 않는다
    땅속 깊숙이 초록을 품은 힘으로
    마침내 찬란한 생애를 꽃피울 수 있는 것

너는 지금 내 곁에 없고

나 또한 네 옆에 머문 적 없으니

앞으로도 오랫동안

아무 일 없이 조용하게

상사화 붉은 꽃이 피거나 말거나

―「상사화」전문

 거울상의 타자가 없는 경우에 동일시는 가능하지도 않으며 불필요하다. "상사화"는 대상-이미지가 삭제된 상태에서 사랑의 욕망만 남아 있는 상태를 가리키는 객관 상관물이다. 이런 지경에선 "너는 지금 내 곁에 없고/나 또한 네 옆에 머문 적 없으니" 소음과 긴장이 유발되지 않는다. "땅속 깊숙이 초록을 품은 힘"은 이미지들이 취소된 상태에서의 사랑 그 자체이다. 그것은 상징계 안에 안전하게 숨어 있는 상상계이며, 내면화된 공간에서 "찬란한 생애를 꽃피울 수 있는" 은밀한 사랑이다. 이미지들이 부재하므로 상상계는 "앞으로도 오랫동안/아무 일 없이 조용하게" 지낼 수도 있을 것이다. 그러나 사랑은 불행하게도 대상을 끝없이 열망한다. 이미지 없는 상상계는 상상계가 아니다. 상상계는 안전을 도모하며 상징계의 구석에 숨어 있지 못한다. 그것은 위험을 감수하며 로고스의 서치라이트에 자신의 이미지를 노출한다.

> 벚꽃이 피었다
> 천지사방이 환하다
>
> 내 마음에도 꽃이 피었다
> 마음 한쪽 시크릿 가든에 활짝 핀
> 당신이라는 꽃
>
> 쉿!
> 나는 지금 황홀을 훔치고 있는 중이다
>
> —「봄」전문

리비도는 (무의식의 에너지이므로) 항상 구체적이고도 물질적인 대상을 향하여 촉수를 뻗는다. 대상이 그것의 흡반에 잡힐 때 리비도는 주체에서 대상으로 전이된다. 리비도가 이렇게 대상에서 타자로 완전히 전이된 상태를 우리는 '사랑'이라 부른다. 그러므로 사랑은 욕망 자체로 완성되는 것이 아니라, 대상, 즉 이미지를 포획할 때 비로소 완결된다. 이렇게 감각과 물질의 단위에서 내가 타자에게 완전히 포개질 때 사랑의 "황홀"이 완성된다. "봄"은 이런 '도둑질'("훔치고 있는 중")을 유발하는 크로노포트(chronotope)이다. 사랑은 "당신이라는 꽃"을 선택하고 "천지사방"에 드러내므로 늘 위험하다. 봄은 불온한 계절이다.

2.

그러므로 사랑은 대상을 지우며 동시에 대상을 찾는 자기모순의 회로이다. 그 회로는 바로 그 모순 때문에 늘 긴장되어 있다. 사랑이 이미지를 지울 때 사랑은 혐의에서 벗어나고 이미지를 포획할 때 혐의의 대상이 된다. 사랑이 불온해질 대로 불온해졌을 때 상징계의 검열은 최고조에 이른다.

> 꽁꽁 언 얼음장 밑으로 강물이 흘러가고 있다
> 여름 한철 뜨거웠던 마음을 잠시 가둬둔 채
> 조용하게 낮은 자세로 흐르고 있다
>
> 무성했던 이파리를 떨어낸 나무들은
> 맨몸으로 서서 겨울을 견디고 있다
> 실핏줄 같은 겨울나무의 잔가지가 빈 공간에
> 한 폭의 수묵화를 그려 넣고 있다
>
> 모두 잘 견디고 있는 중이다

서늘한 제 속살을 보여주지 않으려고

칼날 같은 바람 속에서 꼿꼿하게

제자리를 지키고 서 있다

겨울 새 한 마리

시린 하늘에 잔금을 긋고 날아간다

—「제자리에서」 전문

 자아는 사랑이 자기보존의 수단일 때 사랑을 검열하지 않는다. 자아가 사랑을 감시하는 것은 그것이 상징계 안에서 위험한 '짐승'이 될 때이다. 위험하고도 불온한 짐승은 자신에게 다가오는 위협의 징후를 잽싸게 감지한다. 자아는 생존을 위하여 자기 안의 위험한 에너지를 숨긴다. 사랑이 고독해지는 것은 바로 이럴 때이다. 위 작품에서 시인은 '외로운 사랑'의 거처를 잘 보여주고 있다. "꽁꽁 언 얼음장"은 검열의 엄한 격자(grid)이다. "강물"은 그 모든 감시에도 불구하고 감시의 저변을 흐르는 사랑의 에너지이다. 사랑은 그 어떤 경우에도 죽지 않는다. 사랑이 멈추는 유일한 순간은 몸이 생물학적 죽음을 맞이했을 때뿐이다. 사랑은 위협의 "얼음장"에 맞서 싸우지 않고 자세를 낮추어 "마음을 잠시 가둬둔"다. 이 '움츠림'의 시간이 사랑이 상징계의 대문자 아버지를 견디는 시간이다. 그리고 이 견딤의 시간에 사랑이 취하는 전략은 자신을 감추는 것이다. "제 속살을 보여주지 않으려고" 사랑은 결빙의 시간을 "꼿꼿하게" 지키고 서 있다.

그 숲에 들어서니
나무들 일제히 제 허리를 곧추 세우고 있다

세상의 꽃들이 꿈처럼 피었다 지고
바람은 소리 없이 밀려 왔다 또 밀려가는데
침묵으로 견뎌온 시간의 눈금이 저리 곧은가

깃발처럼 흔들리는 이파리는
곧 지워지고 말 생의 한 부분일 뿐

나무에 새겨진 무늬를 바라본다
환하게 꽃피는 생애는 가지지 못했으나
꺾이지 않는 한 줄기 등뼈를 지녔으니

마음을 함부로 내보이지 않으려
제 몸의 서슬로 하얗게 빛나고 있는
마른 네 뼈마디

적막한 자리에서

홀로 깊어지는 사랑아

　　　　　　　　─「자작나무, 흰 뼈로 서다」 전문

　사랑은 억압 앞에 자기를 숨기지만 결코 자기를 부정하지 않는다. 이 강력한 자기 확인이 사랑의 수직적 결기를 만든다. 시인은 사랑의 "황홀"을 열망하지만, 에로스가 생존을 위협받을 때 도달해야 할 거처를 안다. 그러나 그 어떤 경우에도 사랑은 자기를 부정하지 않는다. "환하게 꽃피는 생애"를 가지지 못했다고 해서 사랑이 부재했던 것은 아니다. 사랑은 어느 경우에도 절대 "꺾이지 않는 한 줄기 등뼈"를 지녔다는 시인의 진술은 사랑의 가치에 대한 시인의 확신을 보여준다. 사랑은 위기에 처했을 때 "함부로 내보이지 않으려" 하지만, 그럴수록 "제 몸의 서슬로 하얗게 빛"난다. 사랑은 죽음의 위기 앞에서 더욱 깊어지고, (생존을 위하여) 이미지를 지워버린 그 외롭고 "적막한 자리"에서 "홀로 깊어"진다. 사랑의 숭고함은 죽음 앞에서 더욱 날이 서는 결기 속에 있다.

　　　산길 걷다 마주친 고드름 한 무더기

　　　산속 맑은 물이 조용히 흘러가다 어느 순간
　　　제 몸을 날카롭게 봉인하며 길을 막아선다

외롭고 차가운 시간을 묵묵히 견뎌 온
　　당신의 눈물이 저토록 아찔한 것인지

　　한 생을 천천히 걸어가는 자의
　　날 선 고독이 온몸을 뚫고 지나간다

　　더 이상 흘러갈 수도 멈출 수도 없을 때
　　몸은 수직으로 일어선다

　　가슴 깊숙이 파고드는
　　비명처럼

　　　　　　　　　　　　　　—「예각의 힘」 전문

　"외롭고 차가운 시간"은 이미지를 지워버린 시간, 즉 대상을 취소해버린 시간이다. 그것은 크게 두 가지 경우에 발생한다. 하나는 사랑의 대상-이미지가 대문자 아버지의 법칙을 위반했을 경우이다. 상징계는 자기 문법의 위반을 허용하지 않으므로 위반의 순간 사랑은 죽음의 위협에 직면한다. 그럴 때 상징계 안에서 사랑이 생존하는 유일한 방법은 대상-이미지를 지우는 것이다. 두 번째 경우는 사랑이 사랑 자체에 몰두하며 대상-이미지를 불필요하다고 여길 때이다. 그러할 때 사랑은 스스로 고독의 길을 선택한다. 시인은 사랑이 대상-

이미지와 행복한 합일을 이룰 때보다 이렇게 사랑이 외로워질 때를 더욱 주목한다. 혼자일 때 존재의 정체성이 더욱 뚜렷이 드러나는 것처럼, 사랑이 "날 선 고독"일 때 "몸은 수직으로 일어선다". 시인이 주목하는 것은 죽음의 위협 앞에서 더욱 날을 세우는 사랑의 힘이다. 사랑은 본질적으로 액체적이지만, 위기에 처할 때 날카로운 "예각"을 갖는다. "예각"은 사랑이 고독을 견디는 힘이다.

산정호수에 눈이 내린다
안개 같은 눈발 사이를 헤집고
물새 몇 마리가 먹이를 찾느라
물속을 자맥질하고 있다

호수는 바람에 몸을 맡긴 채
조용히 겨울을 견디고 있다
봄이 가까울수록 침묵의 시간
더욱 깊어지고 있다

먹먹한 노을 속에 안개 같은 눈발은
다시 수면 위에 내려앉고
물새들은 또다시 자맥질을 한다
경계가 없는 풍경이다

겨울 동안 저 호수는 얼었다가 다시 녹을 것이다
내 슬픔과 상처 또한 저러했으니
젖었던 마음이 얼었다가 녹았다가
어느새 상처 자국은 희미해졌으니

나는 겨울 한가운데 서서
저 호수처럼 봄을 기다리고 있다

—「산정호수」 전문

   대상-이미지가 사라진 시간은 "침묵의 시간"이다. 시인은 눈 내리는 "산정호수"에서 그 침묵의 시간을 본다. 침묵은 스스로 말하지 못한다. 침묵을 말하게 하는 것은 시인이다. 시인은 "안개 같은 눈발"이 "경계가 없는 풍경"을 만드는 것을 본다. 시인은 "슬픔과 상처"가 녹고 얼기를 반복해 그 경계를 스스로 희미하게 만들기를 소망한다. 그리하여 고통의 정동(affect)이 사랑을 방해하지 않을 때가 되어야, 시인은 "겨울 한가운데"에서도 "호수처럼 봄을 기다리고" 있을 수 있다. 시인에게 기다림은 사랑이다.

3.

시인에게 사랑은 황홀과 고독을 왕복 운동하는 에너지이다. 황홀은 범람의 기쁨과 함께 위기의 징후이고, 고독은 안전하나 갈증의 스토이시즘(stoicism)을 유발한다. 황홀은 짧고 고독은 길다. 황홀은 덧없고 고독은 견디기 힘들다. 황홀과 고독의 광대한 스펙트럼에서 사랑은 늘 대상-이미지를 기다리는 좌표로 존재한다. 시인은 사랑의 먼 길에서 침묵하는 사랑의 건반을 건드린다. 시인이 침묵의 건반을 두드릴 때, 사랑은 비로소 말이 된다. 이 시집의 시들은 침묵의 사랑이 말이 된 결과이다. 곽경효 시인은 디테일을 지우고 사랑을 침묵의 상태 그대로 언어의 건반 위에 올려놓는다. 디테일이 사라졌으므로 시인의 사랑은 더욱 광대한 내포를 갖는다. 그것은 시인의 사랑이지만 다른 누군가의 사랑이 될 수도 있으며, 따라서 누구나의 사랑으로 확산하기도 한다. 시인은 개체들의 다양한 사랑을 엮어 가능한 사랑의 전모를 그리고 있다. 그리하여 독자들은 이 시집에서 잠재태에서 현실태에 이르기까지 사랑의 모든 국면을 경험할 수 있다.

    봄비가 오고 있다
    비를 따라서 풍경이 흔들린다

    비 오는 날 네가 없어서
    잠깐 마음이 아팠다

네가 없는 날
잠깐 후회를 했고
가끔은 쓸쓸했다

지나고 보니
너를 기다리는 시간이 봄날이었다

시간이 돌고 돌아
꽃피는 계절이 다시 와도

봄날은 이렇게 가고 있으니
네가 없어도

— 「너 없이도」 전문

    사랑의 부재와 사랑의 넘침을 모두 경험한 자만이 사랑을 안다. 사랑의 미로를 다 다녀본 자만이 사랑에 있어서 중요한 것이 좌표가 아니라 질감임을 안다. 황홀이 최고의 사랑이라 함부로 말할 수 없는 것처럼, 고독 역시 최저점의 사랑이라 말할 수 없다. 에로스는 거처가 문제가 아니라, 느낌이 문제이다. 위 작품은 사랑이 정처(定處)가 아니라 과정의 문제임을 잘 보여준다. 시인의 말을 따르면, 꽃이 필 때가 아니라 그것을 "기다리는 시간이 봄날"이다. "봄날"은 이미 꽃이 오기도 전에 꽃의 형상을 만들어낸다. 그러니 "네가 없어도" 사랑이 성립되는 마법이 가능하다. 사랑은 부재한 것을 기다리는 것이므로 봄날은 가도 봄날은 있다는 역설이 가능해진다. 다시 롤랑 바르트를 소환하면, 그는 다음과 같이 말한다. "그 사람은 내가 기다리는 거기에서, 내가 이미 그를 만들어낸 바로 거기에서 온다. 그리하여 만약 그가 오지 않으면, 나를 그를 환각한다. 기다림은 정신착란이다." 사랑은 아직 오지 않은 그를 "환각"해서 부재의 그를 존재로 환치한다. 그것은 일종의 "정신착란"이므로 명백히 오인이고 착각이지만, 사랑이란 원래 그런 것이다, 라고 말하면 어쩔 것인가. 사랑은 거울상의 타자를 나로 착각하고, 원칙적으로 동일시가 불가능한 것을 동일시하므로 일종의 환각이고 정신착란이다.

    무반주 첼로를 듣는다

    자꾸만 밀려오는 낮은 소리
    누군가 나를 끌고 간다

    아무 일도 아니라는 듯
    그저 스쳐 지나갔을 뿐인데

오래도록 흔들리고 있던

가슴속 줄 하나 툭 끊어진다

한밤중 독으로 피어올라

온몸을 파랗게 물들이는

저 아득한 당신의 고백

　　　　　　　　　　　　—「또 다른 고백」 전문

  사랑은 왜 "독으로 피어올라/온몸을 파랗게 물들"일까. 사랑은 로고스를 횡단하는 비논리이기 때문이다. 사랑은 상대뿐만 아니라 발화 주체조차도 추호의 의심도 없이 진실이라고 믿는 거짓말이다. 어떻게 '당신이 나의 전부'일 수 있는가. 사랑은 전부가 아닌 것을 전부라 믿고 전부를 건다. 그런 "당신의 독백"은 나에게 매우 위험한 "독"이 아니고 무엇인가.

요즘 내가 너무 느슨해졌다고 자책을 하다가

문득 독기를 품어야겠다는 생각을 한다

독기! 독기! 라고 말하다 보니 도끼라는 말로 들린다

정신을 세우는 것과 몸의 날을 세우는 것이

결국 같다는 것

방심하고 있는 사이
옆구리를 찍힌 적이 있다
아무리 절박한 순간이 오더라도
더 이상 옆구리를 내주지 않으리

쌩쌩한 정신줄 아직 놓지 않았다는 것
한 번쯤은 보여주마

독기를 품었다는 말, 생각해보니
고요한 순간에 가장 절실한 몸짓으로
누군가에게 간절히 가닿고 싶다는 것

당신 가슴에 뜨겁게 내려 찍히기 위해
자, 이제 다시 날을 갈아야 할 시간이다
─「독기라는 말」 전문

사랑이 독이라면 사랑의 독은 일방이 아니라 쌍방에서 온다. 당신의 고백이 내게 녹으로 온다면, 나도 "누군가에게 간절히 가닿고 싶다는" "독기"를 가지고 있다. 나의 사랑은 "독기"로 마치 도끼처럼 "당신 가슴에 뜨겁게 내려 찍히기 위해" 몸부림친다. 이런 점에서 에로스 본능의 이면이 죽음본능(파괴본능)이라는 프로이트의 주장은 옳다. 시인은 이렇게 사랑의 밑바닥까지 내려가 사랑의 정체를 까발린다. 앞에 인용한 시와 위의 작품을 함께 보면, 사랑은 서로의 가슴에 맹독처럼 스며드는 죽음본능이다. 사랑은 죽음의 순간에 가장 큰 희열에 도달하는 역설의 언어이다. 그러므로 사랑-주체를 '불나비'에 비유하는 유행가의 가사는 거짓말이 아니다. 사랑은 죽음을 각오하고 통념과 논리와 로고스의 언어를 횡단하는 위험한 언어이다. 곽경효 시인은 이 시집에서 처음에서 끝에 이르는 사랑의 알파벳들을 모두 소환한다. 이런 점에서 이 시집은 사랑의 거대한 아카이브이고 완성된 지도이다. 침묵의 주름에 갇혀 있던 사랑의 나비들이 폴폴 날아올라 시집을 온통 황홀한 언덕으로 물들인다. 그곳을 어떻게 헤맬지는 독자의 몫이다.

시인동네 시인선 187

사랑에 대한 반성

ⓒ 곽경효

초판 1쇄 인쇄	2022년 10월 20일
초판 1쇄 발행	2022년 10월 27일
지은이	곽경효
펴낸이	김석봉
디자인	헤이존
펴낸곳	문학의전당
출판등록	제448-251002012000043호
주소	충북 단양군 적성면 도곡파랑로 178
전화	043-421-1977
전자우편	sbpoem@naver.com

ISBN 979-11-5896-564-8 03810

*이 책의 판권은 지은이와 문학의전당에 있습니다.
*양측의 서면 동의 없는 무단 전재 및 복제를 금합니다.
*잘못 만들어진 책은 바꿔드립니다.